C. DE GREGORI

La vera storia della Monaca di Monza

La Signora

Approfondimento sui personaggi
del bio-dramma musicale

In copertina: *La Signora* (ph. L. Pozzaglia)

Progetto Grafico: *Ulisse*

Revisione: Tony De Gregorio

Profondamente Arte aps

Illustrazioni di Piera Palmerio

PREMESSA

La presente pubblicazione è il frutto di un lavoro congiunto tra ricerca storica sulle fonti, analisi dei commenti e rielaborazione artistica. La scrittura di ciascun paragrafo ha, pertanto, richiesto un continuo confronto incrociato delle varie prospettive degli autori che hanno collaborato alla stesura del testo.

C.D.G. – B.C. – L.P.

INTRODUZIONE

In questa piccola monografia vogliamo raccontare le storie dei protagonisti che abbiamo scelto di portare in scena, presentando la loro vicenda e il ruolo che hanno avuto nella vita di suor Virginia Maria De Leyva, la *Signora* di Monza.

Un nostro illustre predecessore è stato il cardinal Federico Borromeo, il quale passò da un estremo ribrezzo nei suoi confronti ad una pia ammirazione per l'ultima fase di vita di questa donna. Rimase infatti affascinato dalla sua trasformazione, quando dei tratti altezzosi e superbi di cui lei faceva sfoggio negli anni della giovinezza, ormai non rimaneva più nulla, avendo lasciato spazio al carattere di quella che lui stesso definiva come una perfetta *penitente*[1]. Federico Borromeo finì per rimanere talmente colpito da questo percorso di conversione che

---

[1] «[...] questa medesima che è viva ancora ha cavato tanto frutto da questo fallo, che si può chiamare uno specchio di penitenza». F. BORROMEO, *Lettera a Besozzo, 21 giugno 1627*, in E. PACCAGNINI (ed.), *Federico Borromeo. Di una verace penitenza. Vita della monaca di Monza*. Seconda edizione. La vita felice, Milano 2013, 43.

manifestò l'intenzione, addirittura, di raccontarne la vicenda inserendola tra i suoi manoscritti dedicati alle vite dei santi, genere letterario piuttosto diffuso all'epoca dei fatti.

Siamo nel XVII secolo, periodo – per il mondo cattolico – caratterizzato da una laboriosa e sistematica reazione alla Riforma Protestante (1517), alla quale cercò di opporsi con i più disparati mezzi, rigettando le accuse di degrado ed ignoranza che venivano mosse alla Chiesa di Roma. L'evento cruciale di questa operazione, come noto, fu il Concilio di Trento (1545-1563). Traccia di questa replica alla Riforma però, la troviamo anche nella pratica edificante della pubblicazione, appunto, delle *Vite*[2], raccolte di esempi di vita

---

[2] Si veda, ad esempio, l'episodio del Capitolo XXIV dei *Promessi Sposi* in cui *Lucia* viene ospitata dalla famiglia del sarto. Del padrone di casa si cita la formazione culturale, pressoché autodidatta, basata sulla lettura del *Leggendario de' Santi* ed altri poemi cavallereschi:«Era, se non l'abbiamo ancor detto, il sarto del villaggio, e de' contorni; un uomo che sapeva leggere, che aveva letto in fatti più d'una volta il Leggendario de' Santi, il Guerin meschino e i Reali di Francia, e passava, in quelle parti, per un uomo di talento e di scienza: lode però che rifiutava

cristiana virtuosi, spesso dedicate alle storie dei santi più famosi e con vissuti congeniali allo scopo di affermare la dottrina cattolica.

Un altro aspetto molto importante della Riforma Cattolica (altra definizione della Controriforma) fu quello di perorare la causa del rigore morale, applicando la condanna e la repressione di condotte di vita in aperta contraddizione con i valori cristiani, riordinando costumi, usanze e stili di vita, punendo i contravventori con le pene ritenute più opportune.

In questo quadro storico si inseriscono i fatti avvenuti a Monza, dove la cronaca diviene pretesto e fonte di ispirazione per il linguaggio artistico.

In questo senso, quindi, le vicende burrascose dei crimini commessi a Monza non erano destinate a rimanere solo nelle carte del processo e tantomeno a limitarsi nei confini di semplici cronache o biografie.

---

modestamente, dicendo soltanto che aveva sbagliato la vocazione; e che se fosse andato agli studi, in vece di tant'altri...!». A. MANZONI, *I Promessi Sposi*, Rizzoli, Milano 2001, 509.

La vicenda attraversa i secoli. Se ne riporta la descrizione tanto in testi autorevoli[3], quanto nelle leggende e pettegolezzi. Per questa duplice via giunge a Manzoni, che all'epoca della stesura del suo romanzo, non ha chiara tutta la vicenda.Ne sa abbastanza, però, per delineare il suo famosissimo personaggio di *suor Gertrude*, completandolo con dettagli che, per quanto credibili, sono frutto della fantasia del romanziere.

Il materiale è talmente scottante ed interessante che, grazie alla penna di Alessandro Manzoni, si aprirà una nuova fase per questa vicenda. Ad onor del vero, Manzoni lavorerà sulle *Historiae Patriae* di Ripamonti, dove si parla di Monaca di Monza e non di suor Virginia. L'associazione tra la Gertrude manzoniana e la de Leyva si avrà in seguito alla popolarità dei *Promessi*

---

[3] Fonte imprescindibile per ricostruire la vicenda fu l'opera del cronista Giuseppe Ripamonti, contemporaneo della *Signora* e uomo importante al servizio del cardinal Federico Borromeo. Il suo nome rimase nell'oblio per circa due secoli fin quando autori ottocenteschi come Manzoni e Dandolo ne riscoprirono il patrimonio storico e culturale. Per capire quanto sia stato influente il suo lavoro, basti pensare che fu la fonte storica principale de *I Promessi Sposi*.

Sposi. Una volta evidenziata dal Cantù[4] la sovrapposizione tra il personaggio romanzesco e suor Virginia, Manzoni decise di non ritoccare il nome nella sua opera, anche perché cronologicamente la vicenda di Renzo e Lucia fu successiva di circa vent'anni rispetto alla realtà dei fatti. In questo senso, il nostro lavoro vorrebbe discostarsi dal personaggio del romanzo per ritornare alla cronaca. È inoltre doveroso sottolineare il fatto che la sua attività di documentazione sia stata piuttosto limitata. Gli furono concesse, infatti, solo poche ore per la consultazione delle fonti per cui ebbe il grande merito di aver preso una mole importante di appunti e di essere riuscito con questi a costruire un personaggio efficace, una celebrità della memoria collettiva. Anche grazie al suo lavoro si è potuto, però, riflettere negli anni sul dramma umano della monacazione forzata, pratica chiaramente vietata dal cattolicesimo che, tuttavia, all'epoca fu piuttosto diffusa. Chiudere in

---

[4] Cesare Cantù, conobbe Manzoni nel 1832 e nello stesso anno scrisse un commento storico ai *Promessi Sposi*, inserendolo nella sua pubblicazione intitolata *La Lombardia nel secolo XVII*.

monastero chi non ne avvertisse alcuna chiamata era considerato un peccato grave eppure questo, per motivi evidentemente poco spirituali e assai più venali, accadeva di frequente, specialmente laddove ci fossero interessi e patrimoni da gestire. Questo fu proprio il caso della *Signora*, così chiamata dal popolo di Monza, donna di famiglia potente e assai influente nella sua epoca. Nacque in una casata che doveva tutelare il proprio *status* facendo le mosse giuste, indipendentemente dalla volontà del singolo appartenente alla famiglia. Da questi presupposti e dalle confessioni riportate negli atti processuali possiamo dedurre la completa assenza di vocazione alla vita monastica, così almeno appare soffermandosi sui dettagli più noti della sua vicenda. Fu una donna, monaca e amante al tempo stesso, tuttavia, nella nostra ricerca abbiamo voluto chiederci se fosse davvero tutto qui.

LO SPETTACOLO

LA SIGNORA

La vera storia della Monaca di Monza

Il bio-dramma musicale *La Signora* nasce dalla nostra esigenza di rispondere ad alcune domande: *chi è stata, davvero, la Monaca di Monza? Cosa c'è di vero nel personaggio manzoniano di suor Gertrude? Ma soprattutto, questa donna ha veramente commesso quelle azioni che ce l'hanno presentata come una donna peccaminosa, blasfema, in preda alle passioni carnali?*

L'intento era quello di riuscire a modellare un ritratto veritiero della monaca, delineandone la personalità in maniera fedele alle fonti. La complessità del lavoro consisteva nel voler realizzare un testo teatrale che fosse in grado di restituire al pubblico l'immagine di una donna con le sue contraddizioni, i suoi limiti, ma che sottolineasse al contempo anche i suoi pregi e meriti. In questa impresa non siamo stati né i primi, né gli unici. Quindi abbiamo studiato, lavorato sulle fonti, letto saggi, ricerche, viaggiato sulle sue tracce e ad ogni pagina, quadro, racconto, film, opera teatrale ci siamo resi conto di poter dare anche noi la nostra versione dei fatti.

La Signora è una storia vera di sbagli umani, in cui la libertà negata conduce su strade errate. Suor Virginia è una donna condizionata dalle scelte degli uomini che hanno indirizzato la sua vita. È una figlia costretta dal padre a farsi suora. È una donna obbligata, o meglio incantata come lei stessa dice, da un uomo, Osio, a infrangere il suo voto e ad avere una relazione carnale con lui da cui nascerà anche una figlia. È una peccatrice incriminata sia dal giudice (legge terrena) che dal cardinale Federico Borromeo (legge divina). È una donna che trova la sua forza e la sua vera essenza quando tutti questi condizionamenti e tutti questi uomini scompaiono dalla sua vita e può essere finalmente libera di essere se stessa.

La storia della Signora di Monza viene raccontata attraverso la parole degli uomini che hanno determinato e condizionato la sua vita, mentre il suo io e le sue emozioni sono raccontate attraverso la musica e le sue poche ma intime parole.

Lo spettacolo si inserisce nell'attività di ricerca promossa da *ProfondamenteArte aps* sulle figure storiche femminili che troppo a lungo sono state rappresentate attraverso stereotipi di genere e pregiudizi sul ruolo delle donne nella società, nel vivere quotidiano e in famiglia con lo scopo di far emergere dall'oblio della narrazione comune un volto più realistico e vicino al vissuto di queste donne che, nel bene o nel male, sono state protagoniste della propria vita.

Dopo aver letto della Signora, della sua vita e della Monza del 1600, abbiamo deciso di scrivere di lei, soprattutto del suo essere donna sofferente e costretta dalla famiglia e dalla società dell'epoca, e di far emergere il suo grido di dolore che è stato accolto da Dio, che l'ha aiutata a trovarsi e a convertirsi.

Abbiamo quindi osato far "cantare" la vita di questa donna in modo che se ne potesse ancora una volta, con parole e suoni diversi, raccontare la vicenda e riscoprire il suo personaggio di una donna, figlia del suo tempo, prigioniera e libera, potente e schiava, ricca e misera. La musica è stata la nostra chiave per trovare il linguaggio più congeniale ad esprimere la nostra visione, anche qui, una strada già percorsa parzialmente da altri[5], che abbiamo voluto reinterpretare da zero facendo cantare suor Virginia e non suor Gertrude. È stata una scelta che ci ha restituito un nuovo modo di vedere la storia e la donna che ne è stata protagonista.

La scenografia

L'idea della scenografia de *La Signora* nasce con una forte influenza simbolica. L'arte tutta è fatta di simboli e codici e anche la scenografia si cala perfettamente in questo concetto.

L'idea di rappresentare una croce, simbolo del supplizio di Cristo, rievoca diverse figure. Grembo di una madre che accoglie i suoi figli, la pancia della croce di fatto diventa porta tra ciò che è nel monastero e ciò che è fuori.

Dio, posto nel segno della croce in alto, richiama il Dio Giudice del Vecchio Testamento e nella nostra messa in scena,

---

[5] Cfr. *I Promessi Sposi - Opera Moderna*, regia, soggetto e sceneggiatura di Michele Guardì, andata in scena per la prima volta nel 2010.

proprio dall'alto prende parola il Giudice che deciderà le sorti della Monaca.

Lo Spirito Santo è rappresentato dalle braccia della croce che accolgono e reclamano e, in questo caso, tengono saldamente legato l'amante Osio alle sue responsabilità, che gli aprono comunque la via del perdono.

Il progetto del praticabile che domina tutta la scena de *La Signora* vuole raccontare tutto questo ed è a servizio del gioco attoriale perché con esso crei e modelli la vicenda che narriamo.

I Personaggi

MARIANNA / SUOR VIRGINIA MARIA DE LEYVA

Pochi eventi nella vita eguagliano l'emozione che si prova con la nascita di un figlio. Immaginiamo che sia stato così anche in casa de Leyva quando, nel 1575 giunse il momento del parto per Virginia Marino, moglie di Martino de Leyva y de la Cueva-Cabrera, che sposò in seconde nozze essendo già vedova del signore di Sassuolo. Possiamo presumere, però, che in certe epoche e specialmente in certe famiglie, l'arrivo di una figlia femmina innescasse una reazione ben diversa da quella che sarebbe stata per la nascita di un figlio maschio. Progettare la futura vita di una bambina richiedeva di pianificare le mosse per conservare il patrimonio, stringere alleanze, accrescere l'influenza politica della casata sfruttando l'occasione, magari, di mandarla in sposa al miglior partito possibile, a prescindere dalla sua volontà. Sembrava inizialmente anche il destino di Marianna, stando ad una lettera del 1586 in cui la giovanissima de Leyva viene citata in merito a future nozze. La famiglia vive a palazzo Marino, imponente simbolo dello *status* acquisito dal nonno materno, Tommaso, banchiere genovese e uomo di successo nello Stato di Milano al tempo di Carlo V[6]. La piccola Marianna rimane

---

[6] Di questo vi è traccia nell'inventario redatto dal

orfana di madre a meno di 1 anno di vita. Dato che Martino era spesso assente perché impegnato nelle campagne di guerra, viene affidata ad alcune zie, che nella sua educazione hanno avuto una cura speciale per l'aspetto religioso.

I de Leyva prendevano parte attiva nella politica militare della monarchia spagnola ed erano all'epoca feudatari di Monza, che amministravano con l'ausilio di delegati non sempre ineccepibili.

Martino si risposa con la spagnola Anna Viquez de Moncada con la quale metterà su una nuova famiglia ed è a questo punto, a tredici anni, che per lei si aprono le porte del monastero, età minima consentita dalle regole ecclesiastiche dell'epoca. Entra nell'ordine delle umiliate benedettine presso il monastero di Santa Margherita in Monza,

---

notaio Giovanni Mazza il 10 ottobre 1576, nel quale si legge che nell'appartamento di palazzo Marino c'era una culla con «copertura di grogran goernito di un pasaman di setta biancha foderata di sandal biancho». Il corredo della bambina comprendeva anche «tre patelli di panno rosso, tre lanzoletti, tre orletti, sei patelli, e più doi lanzoletti di cambraja goerniti di un lavor di refo fatto a osso».

in favore del quale Martino de Leyva si impegna a versare un'ingente dote.

Nel 1591, Marianna fa la sua Professione prendendo il nome della madre e così diventa suor Virginia Maria. Sei anni dopo riceve l'incarico di maestra delle novizie, attività alla quale affianca l'autorità di Signora di Monza, attraverso cui ha modo di intrattenere rapporti con il mondo esterno.

In quegli anni, la tranquillità delle mura monastiche è messa a repentaglio da una figura piuttosto invadente, Giovanni Paolo Osio, ricco e affascinante rampollo di buona famiglia che si fece ben presto notare per la sua intraprendenza. Il giardino di casa Osio, infatti, si sviluppa proprio sotto le mura del monastero di S. Margherita, e questo rende molto semplice intrattenere rapporti e contatti con le monache. Infatti, suor Virginia scopre e denuncia il suo tentativo di sedurre una delle sue allieve, che viene allontanata. Poco dopo viene ucciso il Molteno, gabelliere dei de Leyva e per questo la Signora lo fa arrestare con l'accusa di omicidio. Le insistenti pressioni provenienti da vari personaggi influenti, tra cui i suoi fratelli e la madre dello stesso

Osio, molto amica della madre badessa suor Imbresaga, la convincono, dopo circa un anno che l'uomo trascorre in latitanza, a concedergli la cancellazione della pena. Suor Virginia dichiarerà che la sua azione fu solo «sotto la pena dell'obbedienza».

Questa scelta è fatale per la Signora, poiché diventa lei la preda del giovane Osio, che un po' per gratitudine, un po' per sfida inizia a corteggiarla. Comincia con languidi sguardi attraverso le finestre ed è proprio durante uno di questi scambi di sguardi che suor Virginia ha un momento di debolezza e dice alla suora che è con lei:«avete mai visto la più bella cosa?». Il lungo corteggiamento da parte di Osio prosegue con lettere e regali, anche molto preziosi e simbolici, grazie anche all'aiuto di molti complici tra cui il parroco della chiesa di san Maurizio prete Arrigone, con cui suor Virginia ha avuto a che fare a causa di tentativi da parte del curato di importunare alcune suore, tra cui anche lei. Sedotta dai modi così "sfacciati" ma anche così efficaci, la Signora, ricambia le sue attenzioni e dopo un lungo periodo di incontri in parlatorio, decide di farlo entrare nel monastero. Osio violenta suor Virginia, sotto gli occhi delle sue consorelle suor Benedetta e suor Ottavia, che non intervengono. Nonostante questo fatto grave, per sua stessa ammissione, lei si lascia trascinare in una relazione amorosa. È lacerata tra il desiderio di intrattenersi con lui e alimentare nei suoi confronti un odio profondo. In molti modi egli riesce a far cedere la donna, che tenta di respingerlo invano. Si convince di essere vittima di un sortilegio dopo che l'uomo le fa leccare una calamita da lui in precedenza leccata, benedetta da prete Arrigone[7]. Prova ogni cosa: far sparire le

---

[7] Così dichiarò suor Virginia all'interrogatorio: «[*Osio*] sotto pretesto di cose sante mi fece baciare una cosa legata in oro che teneva alquanto del beretino che da poi esso mi confessò che era calamita bianca portata da lui, e me la fece baciare e toccare con la lingua, alle quale cose vi era presente la detta sor Ottavia, e credo che prete Arrigone fosse partecipe in queste cose». Pare che questa calamita, in linea con la superstizione in voga al tempo, fosse stata battezzata dal prete Arrigone, il che era assolutamente vietato anche grazie all'editto del 1604 di Federico Borromeo, intitolato *Contra maleficos et sortilegos*. Cfr. G. FARINELLI, *La Monaca di Monza. Nel tempo, nella vita e nel processo originale rivisto e commentato*. Seconda edizione, Otto/Novecento, Milano 2012, 671, nota 131.

cinquanta chiavi che consentivano all'Osio di entrare nel monastero ad ogni ora; tenta di sciogliere il sortilegio di cui si sentiva vittima, dando credito alla superstizione secondo la quale, mangiando le feci di lui, si sarebbe finalmente liberata. I malefici sarebbero stati molti e reiterati nel tempo, testimoniati secondo lei dalla presenza di ossa, ratti morti, uncini di ferro e molti altri "oggetti".

Nel 1602 dalla relazione nasce un bimbo, morto, che fa seppellire ad Osio. Inizia per suor Virginia un lungo periodo buio in cui prova un profondo dolore e pentimento e si sente colpevole della morte di suo figlio per causa delle sue azioni. La relazione sembra ad un punto di rottura, ma non è così. Infatti, nel 1604 rimane incinta una seconda volta e nasce Alma Francesca Margherita, riconosciuta come figlia propria dall'Osio nel 1606. La Signora tenta di mantenere i contatti con la piccola nel segreto, facendosela portare in monastero oppure recandosi in casa di Osio per poter trascorrere qualche tempo con sua figlia, che lei definisce brutta, cercando in tutti i modi di provare disprezzo per lei al posto di quell'amore profondo che aveva nel cuore.

I crimini intorno a questa relazione, di cui suor Virginia è consapevole e tace, cominciano a moltiplicarsi, tanto che attraverso pettegolezzi e chiacchiere la notizia giunge alle autorità di Milano, incluso il cardinale Federico Borromeo. Le indagini del prelato iniziano nell'estate del 1607 e immediatamente si fanno pressanti. Più volte si reca al monastero finché, nel mese di novembre, ordina il trasferimento di suor Virginia a Milano, nel monastero di s. Ulderico decretando così l'inizio dell'inchiesta, condotta in un primo momento dal vicario arcivescovile, Girolamo Saracino poi, successivamente, dal vicario criminale Mamurio Lancillotto. Gli occhi puntati addosso, le accuse e la tensione che si rivolsero sulla sua persona la portarono sulla soglia dell'impazzimento. La cronaca del Ripamonti la descrive in preda al delirio, «piuttosto mostro che donna». Riuscì a sfilare una spada alle guardie brandendola minacciosamente, imprecando e inveendo contro il cardinal Borromeo:

«[...] da irrevocabil destino ormai sopraffatta: spezzò le ritorte, ributtò le guardie, ed abbrancata una spada, minacciosa, furente, tentò di farsi largo, e procacciarsi uno scampo; ripigliata forza, e ricondotta, si avventò a capo chino contro il muro per ispezzarsi il cranio; avrebbe in sé volti mortali colpi se non venia trattenuta.

Principal oggetto del suo furore era il Cardinale; lo malediva con empie grida, al modo con cui soglion gli ossessi imprecare il cielo [...]»[8].

La furia iniziale si sfumò e nel corso degli interrogatori la monaca sembra dimostrarsi disposta a parlare con sincerità. Confessa la relazione con l'Osio, riportando con precisione gli avvenimenti, i crimini e i dettagli degli incontri amorosi. Si sofferma sulla violenza di lui, le pratiche mortificanti alle quali si è sottoposta, i crimini commessi sotto i suoi occhi da Osio e le altre monache, testimoniò anche di aver assistito all'omicidio della conversa che sembrava voler rivelare questo peccaminoso segreto. La pratica giudiziaria del tempo richiedeva

---

[8] Queste sono le parole con le quali Giuseppe Ripamonti descrive il tormento di suor Virginia per l'arresto. La traduzione italiana dall'originale latino è di Tullio Dandolo. Cfr. G. Farinelli, *La Monaca di Monza*, op. cit., 22.

la ratifica sotto tortura di quanto dichiarato. Per questo motivo le si applicano i *sibilli*, legnetti posti tra le dita e stretti con forza per estorcere la conferma definitiva della confessione. Il suo interrogatorio si conclude nel giugno del 1608. Il 18 ottobre dello stesso anno la donna è dichiarata colpevole e condannata ad essere murata viva presso la Casa delle donne convertite di s. Valeria, a Milano. La stessa condanna è emessa nel luglio del 1609 nei confronti delle altre suore, Benedetta, Candida e Silvia, coinvolte nei crimini di Osio.

La cella in cui viene reclusa suor Virginia è di circa 3 metri per 1,80 («larga tre braccia, lunga cinque») dalla quale non sarebbe dovuta uscire mai, lontana da tutto e tutti. Solo una piccola apertura praticata nel muro la tiene in contatto con il mondo esterno, così che potesse ricevere cibo e luce sufficiente per poter recitare il breviario. Ogni contatto con altre persone è severamente proibito. Suor Virginia sceglie personalmente il luogo in cui essere murata ed è l'angolo più brutto, umido e maltenuto dell'edificio.

Le rigidissime condizioni alle quali queste donne sono costrette sono umanamente insopportabili. Suor Virginia, però, resiste segregata per ben 14 anni. Il processo di pentimento e sincera conversione trasforma radicalmente la donna che, in predecedenza, come una furia si era battuta contro i suoi giustizieri. Più volte tenta di chiedere udienza al cardinal Borromeo, senza però riuscirci. La sua insistenza alla fine smuove il cardinale che le concede un incontro. La persona che si presenta al suo cospetto è totalmente diversa, trasformata nel fisico, duramente provato, e nello spirito, stravolto da un sincero pentimento.

Il suo esempio colpì molto Borromeo, che acconsente a far buttare giù il muro che la incarcerava. Le concede di dedicarsi al servizio delle donne ospitate presso s. Valeria e a scrivere lettere indirizzate alle monache in crisi spirituale. Anche le cronache dell'epoca parlano di una nuova donna che ha smesso i panni dell'arroganza e del delirio di onnipotenza per vestire quelli dell'umiltà Degli anni successivi alla sua liberazione noi abbiamo traccia fin quando il cardinale Borromeo ha intrattenuto dei rapporti epistolari o comunque dei contatti con lei. Finiti i giorni del cardinale, Virginia rimane nell'oblio. Noi non conosciamo molte altre cose su di lei, sappiamo solo che la sua vita prosegue per molti anni ancora, finché si spegne, proprio a S. Valeria di Milano, il 7 gennaio 1650. Marianna De Leyva è, per volontà della sua famiglia, cancellata dall'albero genealogico.

Suor Virginia Maria e Suor Gertrude

Manzoni parlando della monaca la descrive (capitoli IX e il X) come una donna potente, di nobili origini spagnole, temuta nella Monza del tempo, da tutti chiamata la Signora. Dopo aver letto della vita di suor Virginia però, sfogliando le pagine del Manzoni che parlano di suor Gertrude, non possiamo non notare importanti differenze.

La prima che attira la nostra attenzione è quella riguardante la sua famiglia, il cui nome l'autore non cita mai, perché dice che al tempo era ormai estinta. Manzoni fa intendere che Gertrude non era figlia unica e che, tranne il primogenito, erano tutti destinati a conventi e/o monasteri, così da poter mantenere intatto il patrimonio.

Emerge quindi che il destino della giovane, già prima della nascita sarebbe stato il convento e viene sottolineata questa cosa raccontando che i suoi regali erano sin dalla nascita bambole vestite da suore. Il Manzoni sottolinea il fatto che era scontato che lei sarebbe diventata suora che, anche se non le veniva detto mai direttamente, ma tutto ciò che la riguardava aveva sempre sottinteso questo suo destino. Ad esempio, per farle un complimento le rivolgevano queste strane parole: «che madre badessa!». Come abbiamo invece visto nella realtà, per Marianna il padre aveva in un primo momento pensato al matrimonio, ma poi questa sua idea cambiò quando si sposò in seconde nozze. Quindi, la giovane non era come suor Gertrude destinata al monastero sin dalla nascita.

Nei *Promessi Sposi* si dice che la piccola Gertrude fu mandata a 6 anni nel monastero per essere educata, e qui col trascorrere degli anni capì che quella non era la sua vocazione e provò anche a farlo sapere al padre, ma fu invano. Dopo 8 anni, ingannata dalle altre suore a mandare la richiesta per i voti definitivi, come stabiliva la legge, venne mandata a trascorrere del tempo fuori dal monastero. Qui Manzoni immagina, in modo molto dettagliato, sensazioni, comportamenti e avvenimenti, ma soprattutto parla della sua famiglia, di un padre presente a casa e soprattutto della madre. Sappiamo invece che Marianna, rimasta orfana prima di compiere 1 anno di vita, venne cresciuta dalla zia, poiché il padre era sempre assente per impegni militari e che la giovane entrò nel monastero a 13 anni.

Gertrude, per via della sua posizione di potere, viveva in un'ala del monastero a lei riservata, che comunicava con la casa di un certo Egidio (di cui Manzoni non nomina la casata), una persona poco lodevole. Quest'ultimo notando la Signora che girava nella sua abitazione le rivolse parola e la sventurata (come la definisce l'autore) rispose. Da qui cominciò un rapporto intimo tra i due giovani, che rese per un certo tempo Gertrude più gentile e socievole, ma questo durò poco. Un giorno, in uno dei suoi momenti di forte nervosismo si accanì, come spesso accadeva, con una sua conversa. Quest'ultima stufa dei soprusi la minacciò dicendole che lei sapeva tutto e che lo avrebbe raccontato a chi di dovere. Dopo qualche giorno la giovane scomparve misteriosamente, ma un buco nel muro fece pensare che fosse fuggita. La cercarono a lungo e in molti luoghi, ma invano, e qui l'autore insinua il dubbio riguardo la sua sorte dicendo che sarebbe bastato cercarla vicino. Gertrude non si da pace riguardo questa faccenda, perché non sa cosa sia realmente accaduto. E qui finisce la descrizione che Manzoni fa della sua vita prima dell'arrivo di Lucia. Nella realtà Suor Virginia aveva una stanza in comune con altre suore, complici nel suo rapporto con Gian Paolo Osio e quando suor Costanza, minaccia di dire la verità dopo un lungo periodo di complicità nei fatti, viene uccisa da Osio e di questo la Signora è consapevole.

Nella vita di Gertrude è fondamentale il rapporto con suo padre, pressante e presente, che le impone, anche sotto forma di ricatto morale, la vita monacale. Comincia a parlarle e si dichiara orgoglioso, solo quando lei, ingannata, dichiara di volersi fare monaca. Gertrurde vive dentro di sé un contrasto: sente il desiderio di peccare, perché odia la sua condizione, ma dopo che lo fa si sente fortemente in colpa. Suor Virginia, invece, non aveva nessun tipo di rapporto con il padre, se non qualche contatto formale, poiché sempre impegnato in faccende militari e la decisione di farla entrare in monastero, è frutto di una consuetudine del tempo, di far monacare forzatamente le figlie femmine.

Un particolare che colpisce nella lunga e dettagliata descrizione di suor Gertrude è che lei indossava un abito attillato in vita e che teneva un ciuffo fuori dal velo, «cosa che mostrava o dimenticanza o disprezzo della regola». Questo con molta probabilità nella realtà non fu possibile e suor Virginia vestì il tradizionale abito monacale benedettino e tenne corti i suoi capelli, come la regola imponeva.

Infine Manzoni nei promessi Sposi cambia il periodo in cui le vicende di Suor Gertrude ed Egidio avvengono, cioè le ambienta tra il 1628 e il 1630, mentre abbiamo visto in precedenze che la storia tra Osio e Virginia ha inizio circa nel 1598/99 e termina nel

1607, quando la vicenda viene alla luce e ha inizio il processo.

La nostra suor Virginia

Suor Virginia è la nostra protagonista. Una donna di cui tanto si parla ancora oggi, che si porta un fardello fatto di pregiudizi molto ingombrante. La nostra intenzione è quella di riscattare questo personaggio, restituendone la complessità del vissuto. Donna del suo tempo, si è ritrovata a gestire l'eredità di un nome importante con tutto quello che ne consegue, potere, assoggettamento, insidie e tanti occhi addosso. Essere potenti non significa necessariamente essere liberi e la sua storia ne è un esempio.

Ci siamo chiesti come si potesse dare al personaggio teatrale la possibilità di esprimersi in un'epoca nella quale alle donne, figurarsi alle monache, non si desse molto spazio. Abbiamo scelto per questo motivo la musica, usando come pretesto ciò che disse nella sua deposizione davanti al giudice, suor Degnamerita Rivolta:

«Suor Virginia Maria cominciò a volermi bene
qualche tre anni solamente innanziche essa fosse
condotta via dal monastero perché stando nel
monastero m'ero affinata più nella virtù del cantare, e
del suonare, et l'amore me lo mostrava con farmi
carezze particolari et darmi ancora qualche presente
di poco valore però, et leggierezze, et qualche volta
mi teneva anco a dormire con lei per compagnia sua,
et delle volte mi mandava via a dormire con dirmi
che la dessedavo col boffo»[9].

Lei canta il suo stato d'animo profondo, i
suoi sentimenti, le sue paure, i tormenti ma
anche l'amore provato con Osio. Urla il suo
pentimento e chiede, col cuore pieno di
amore e gratitudine, pietà. Parla solo quando
si trova ad affrontare la giustizia e quando
trova veramente se stessa. La sua è l'unica
voce femminile che esprime il suo personale
stato d'animo. È il fulcro di tutta la vicenda,
il centro intorno al quale gravitano tutte le
altre figure maschili. È lei con il suo vissuto,
le sue disgrazie e i suoi errori a renderli

---

[9] Riportata in, *Ibidem*, 392. Attraverso questo
dettaglio abbiamo voluto sottolineare una sensibilità
'musicale' di suor Virginia. Si noti, inoltre, che era
abitudine della nostra monaca non rispettare la regola
del dormire in solitudine. *Boffo*, significa in maniera
elegante russare.

personaggi, anche se in realtà sono proprio loro ad indirizzare e determinare la sua vita. Nel momento dell'incarcerazione, infatti, essi sfilano davanti a lei o meglio nella sua coscienza, a ricordare quali sono state le tappe che l'hanno portata ad essere rinchiusa in una cella.

La nostra versione non si è voluta molto concentrare sull'aspetto lussurioso e peccaminoso, pur essendo imprescindibile, e la tappa conclusiva inaspettatamente non è nemmeno la condanna ad essere murata viva. Quello che a noi ha colpito e abbiamo voluto condividere nel nostro spettacolo è la trasformazione avvenuta nel corso dei lunghi anni murata viva: suor Virginia, invece di contare i giorni che l'avrebbero portata alla morte, ha vissuto un percorso di perdono di se stessa e degli altri, che l'ha portata a scoprire chi realmente fosse e quale fosse la sua vocazione. La donna esce dal muro trasformata da questo viaggio intimo, che possiamo chiamare *conversione*.

GIOVANNI PAOLO OSIO

«Bruno, alto, snello, d'una eleganza innata, anche se qualche volta mal vestito e trascurato, dotato di quella specie di fascinoso prestigio che deve agli esercizi fisici, come la scherma, la danza e l'andare a cavallo». Così Giuseppe Ripamonti descrive il nobile Giovanni Paolo Osio nelle sue *Historiae Patriae*, restituendo l'immagine di un soggetto "geneticamente" incline al crimine.

Giovanni Paolo Osio, figlio di Sofia Bernareggi e Giovanni Paolo Osio proviene, per ramo paterno da una famiglia non troppo dedita al rispetto della legge[10]. Il padre dopo aver ucciso un parente per soldi, inizia a girare con un esercito di bravi e a compiere malefatte. Mentre il fratello, dopo aver partecipato ad un omicidio in una casa di prostituzione maschile, è costretto a scappare nelle Venezie, dove viene successivamente ucciso da un suo amante.

Il giovane Gian Paolo è proprietario di terre, case, carrozze, cavalli e ricco abbastanza da potersi permettere di avere dei bravi ai suoi ordini. Passa il tempo insieme ai suoi amici armati di archibugi che

---

[10] «I tre rami della famiglia Osio, quello di Biassono, quello di Vedano e quello di Monza, erano accomunati da un inquietante dettaglio: erano nati delinquenti e avevano un'autentica vocazione al crimine». L. CIANO, *Senza veli. La vera storia della Monaca di Monza*. Edizioni Mondo Nuovo, Pescara 2018, 55. Questa è una delle tante descrizioni nelle quali ci si imbatte documentandosi su Osio.

assalgono case e persone, commettono violenze e corteggiano giovani donne[11].

La storia che noi tutti conosciamo, che ha come protagonista Osio, inizia nel 1597, quando corteggia la ragazza sbagliata: Isabella degli Hostesi. La giovane è una delle educande affidate a Suor Virginia Maria de Leyva, Signora di Monza e amministratrice della giustizia. Gian Paolo, la cui casa confinava con il monastero, sale su un albero del suo orto e scambia saluti con Isabella, che ricambia le sue attenzioni. I due vengono scoperti da Suor Virginia che rimprovera la giovane[12], che viene subito

---

[11] Come si evince da un documento degli archivi storici monzesi in cui è protagonista con i suoi amici del tempo:«Johanne Paolo Casate, Francesco Ghiringhello, Fabio Trezzo, Josepho Serono, Andrea et Gabriele fratelli de Marcellini, Lodovici et Giulio Cesare fratelli de Pessina, li quali con molti seguaci loro, continuamente di notte et giorno non fanno altra professione che camminare in quadriglia armati d'armi prohibite, massimamente archibugi, scalar case, usar violenza, assaltar hora questo hora quest'altro, dandogli ferite».

[12] «Detto Gio. Paolo Osio faceva l'amore con la signorina Isabella Ortensia secolare la quale era nel monastero in dozena et havendo io trovato che stavano guardandosi l'uno e l'altro alla cortina delle galline gli feci un gran rebuffo che portasse così poco rispetto al monastero massime che detta giovane era

tolta dal collegio e maritata in 15 giorni. Poco dopo, viene ucciso l'ex gabelliere a Monza dei de Leyva, il Molteno e la colpa dell'omicidio viene attribuita ad Osio. Il giovane prova dalla finestra della sua casa a corrompere suor Virginia, facendole capire che avrebbe voluto scriverle una lettera per spiegare i fatti, ma la Signora rifiuta e ordina il suo arresto. Osio è costretto a scappare da Monza, ma grazie all'intercessione della Madre Superiora del monastero, amica di sua madre, e dei fratelli di Suor Virginia, quest'ultima gli concede la grazia. Da questo momento la "nuova preda" del giovane diventa la Signora, a cui indirizza una prima lettera che però offende suor Virginia che la considera licenziosa e non giusta nel linguaggio per una persona del suo rango. A questo punto chiede aiuto al parroco di san Maurizio, il prete Paolo Arrigone[13] che gli suggerisce le parole da

---

data in mia custodia [...] et esso se n'andò via bassando la testa senza dire altro». In G. FARINELLI, *La Monaca di Monza*, op. cit. 402-403.

[13] Paolo Arrigone si rese protagonista in più di un'occasione di tentativi di seduzione delle monache di santa Margherita. Il caso più eclatante riguarda suor Candida Colomba, con cui si scambia lettere e si

scriverle, e inizia ad inviarle regali, che suor Virginia rifiuta bruscamente. Le regala ad esempio una scatola di fiori di seta di Bologna, dei guanti bianchi, simbolo di purezza ed un crocifisso d'argento, che fu costretta ad accettare con la minaccia di mettere in giro voci infamanti sulla sua persona. Dopo molti tentativi da parte del giovane la Signora cede e decide di incontrarlo, e lui la conquista fino al punto da convincerla a farlo entrare nel convento di nascosto e qui la violenta[14]. Nonostante questo la storia tra i due giovani diventa ogni giorno più intensa e profonda e lui si innamora profondamente della Signora e si fa fare dal fabbro circa 50 copie delle chiavi del monastero. Gli incontri si fanno sempre

incontra di notte nel parlatorio, grazie alla complicità del custode Domenico, e cerca in tutti i modi di esaudire i suoi desideri sessuali. Così suor Virginia attesta in sede di interrogatorio e scrive nella lettera a lui indirizzata.

[14] «Osio mi violentò gettandomi per terra e nonostante ch'io cridassi e dicessi ah traditore ah traditore hebbe comertio contro di me dicendoli ah l'honor mio, dicendoli la mia virginità racordatevi chi io sono, et insoma lui hebbe comertio carnale meco una volta sola perchè subbito ch'io poti rihavermi e levar su corsi via e lo piantai lì». In G.FARINELLI, *La Monaca di Monza*, op. cit., 408.

più frequenti, ed entrano in gioco come complici e "femmine di sfogo" (come lui stesso le definisce) suor Ottavia e suor Benedetta, che partecipano ai fatti in molti modi. Le voci sulla storia tra i due iniziano a diffondersi. In un primo momento si sparge la voce che Osio avrebbe voluto farsi cappuccino e suor Virginia stava aiutandolo spiritualmente nel suo percorso. Nel 1602 suor Virginia partorisce un bimbo morto e Osio prende e seppellisce il suo corpo. Inizia una profonda crisi nella donna che ricade nel rapporto tra i due che sembra finito, ma non è così. Gli incontri riprendono e l'8 agosto del 1604 nasce Alma Francesca Margherita, che Osio affida a sua madre e successivamente riconosce come sua e di una certa Isabella de Meda. Nel frattempo, erano entrate in questo gioco di bugie e segreti anche suor Silvia Casati e suor Candida Colomba ed è proprio quest'ultima che, presa da rimorsi, fa precipitare la situazione. La suora, piena di sensi di colpa, decide di raccontare tutta la storia di cui anche lei è complice a Mons. Pietro Barca, canonico di sant'Ambrogio, che ha in programma una visita a Santa Margherita.

Virginia e le altre suore complici, la sera prima dell'arrivo del prelato, provano a convincerla a non parlare, lei rifiuta e a questo punto Osio la uccide, la nasconde nel pollaio e per far sembrare a tutti una fuga della povera vittima, fa un buco nel muro. Il giorno seguente Gian Paolo porta il corpo di Costanza nella sua neviera e getta la testa nel pozzo di Velate, riuscendo così a nascondere alla gente il delitto. Non passa molto tempo che le voci sul monastero cominciano a girare a Monza in modo sempre più insistente, anche grazie alle chiacchiere del fabbro e del farmacista Rainerio Roncino. Osio uccide il primo e tenta di fare lo stesso con il secondo, ma fallisce. Vorrebbe uccidere anche il prete Arrigone ma Suor Virginia lo fa desistere. Queste insistenti voci su i fatti di Monza e del suo Monastero arrivano al governatore di Milano, Fuentes, che fa incarcerare il giovane nel castello di Pavia. Osio dalla sua prigione scrive una lettera all'arcivescovo dichiarandosi innocente e soprattutto allegando un certificato medico in cui era scritto che la prigionia avrebbe aggravato la sua malattia e questo fatto viene anche ribadito da suor Virginia in un colloquio con il cardinale Borromeo. Osio riesce a fuggire e a tornare a Monza, dove il suo bravo Camillo il Rosso ha ucciso il farmacista Roncino e a far incolpare di ciò il prete Arrigone, nascondendo l'arma del delitto nella sua casa. Inizia così il processo che coinvolge tutti i colpevoli e i complici dei fatti precedentemente detti. Durante un interrogatorio il guardiano del monastero, Domenico Ferrari, dichiara che è stato Osio ad uccidere il farmacista, perché questo diceva in giro che Alma Francesca era figlia di suor Virginia e Gian Paolo. Quest'ultimo a questo punto scappa rifugiandosi prima nella chiesa di san Maurizio, poi nel monastero nelle stanze di suor Ottavia e suor Benedetta, che lo nascondono e lo accudiscono. Le altre suore però iniziano a sospettare e così avvertono Borromeo che fa prelevare suor Virginia dal convento. Osio manda un suo fidato in monastero per chiedere notizie della sua amata e in risposta suor Benedetta chiede a lui di farla scappare insieme a suor Ottavia per evitare la condanna. Gian Paolo accetta ma durante la fuga prima tenta di uccidere suor Benedetta buttandola nel fiume Lambro e colpendola poi con l'archibugio. Poi, la sera dopo, prova ad uccidere anche suor Ottavia gettandola nel pozzo di Velate. Le due suore riescono a salvarsi (la prima morirà qualche giorno dopo) e raccontano i fatti accaduti dentro e fuori il monastero. Dopo poco viene trovata la testa di suor Caterina. Il governatore Fuentes vuole trovarlo a tutti i costi, distrugge addirittura la sua casa a Monza. Il giovane fugge nelle Venezie, da dove invia una lettera a Borromeo dichiarando che la colpa di tutto non è sua né della sua amante ma delle "due bestie" (suor Ottavia e Suor Benedetta). Viene a questo punto interrogata suor Virginia, che dichiara che la colpa di tutto è di Osio e di Arrigone e che lei è stata vittima di un loro sortilegio. Per Osio non c'è più scampo: viene condannato in contumacia alla forca e alla confisca dei beni. Riesce a scappare a Milano, a casa dei nobili Taverna e qui conosce il vero significato della parola tradimento. Infatti, entrato nella loro casa, viene pugnalato a tradimento da quelli che lui credeva fossero suoi amici. Tutto questo per incassare la taglia di mille scudi e soprattutto per opportunità politica. La testa di Osio viene gettata ai piedi di Fuentes. Così finisce la vita di un uomo senza scrupoli e pieno di passione, che ha trovato l'amore, purtroppo proibito, e che a modo suo (sbagliando) ha cercato di difendere a tutti i costi.

Il nostro Osio

Nel costruire il personaggio di Giovanni Paolo Osio abbiamo deciso di rimanere fedeli al suo essere. Infatti viene fuori un uomo molto sicuro di sé, forse troppo, altezzoso e senza scrupoli. Quello che abbiamo cambiato è il modo in cui prende la decisione di corteggiare e conquistare la Signora. Nella realtà comincia a scriverle e a corteggiarla quasi per ringraziamento al fatto che lo avesse graziato, mentre nel nostro spettacolo la decisione di corteggiarla è quasi il frutto di una scommessa, una sfida, con i suoi amici. Il suo personaggio, anche nella nostra opera, è passionale, innamorato e pronto a tutto per la sua amante, ed esprime la sua passionalità e la sua sfrontatezza in ogni sua scena: dalle chiacchiere con gli amici alle riflessioni con se stesso, dal rapporto con la sua amata all'interrogatorio, nel quale risulta orgoglioso e non pentito di tutto ciò che ha fatto.

VIRGINIA MARIA MARINO / MARTINO DE LEYVA

La madre/Il padre della Signora

Virginia Martino nasce a Milano, figlia di Tommaso Marino finanziere e commerciante genovese, che trasferendosi nella città meneghina diventa il più ricco uomo della città. Di Virginia non si sa molto se non che nel 1572 rimane orfana di padre e vedova del primo marito, Ercole Pio di Savoia. A questo punto torna a Milano a curare l'eredità paterna e lascia i suoi 5 figli a Sassuolo con uno zio. Nel 1574 si sposa, in seconde nozze con il conte Martino de Leyva da cui nel 1575 avrà una figlia, Marianna de Leyva. La famiglia andrà ad abitare a palazzo Marino[15] fatto costruire nel 1558 da Tommaso, al suo arrivo nella città. La donna, purtroppo, muore molto presto a causa della peste, nel 1576, lasciando orfana la piccola a meno di un anno dalla nascita. Ad essa e al suo primogenito maschio lascia tutta la sua eredità (50% ciascuno), al marito

---

[15] L'atto del 2 settembre 1592 del notaio Pietro Cicereio dice che abitavano «quella cantonata verso S. Fedele pigliando da detta cantonata sino a tutto il netto dell'andito della porta che resguarda S. Simplicianino nel quale apartamento interviene esso andito, una saletta et tre camere et un porteghetto con due vasi necessari et un poco di giardino in larghezza di braccia cinque onze tre e mezza in larghezza braccia 27 e mezza in circa, con un pozzo et due torriole, le quali vanno a servire ad uno apartamento superiore simile a questo et sotto le sue cantine con il medesimo riparto, il tutto è in volta». (*Archivio di Stato - Palazzo Marino*).

l'usufrutto della dote e un anello con gemma molto prezioso. Virginia lascia alla balia di Marianna, Vittoria, un legato di 25 scudi d'oro per essere sicura che continuasse ad occuparsi della piccola. Questo testamento diventa subito oggetto di una lunga causa, che ha come protagonisti le figlie escluse dal testamento e Martino, il quale nel 1580 torna a Milano per siglare un compromesso: 5 parti di eredità andranno a lui e la figlia, mentre le restanti 7 ai figli del primo matrimonio. Così come sarà per la figlia Marianna, le volontà di Virginia non saranno mai ascoltate né rispettate, nemmeno dopo la sua morte.

Martino de Leyva è figlio di Luigi de Leyva e Marianna de la Cueva, principi di Ascoli e nipote di Antonio, comandante dell'esercito di Carlo V e primo governatore di Milano, poiché nel 1531 aveva ricevuto da Francesco II Sforza la contea di Monza. Martino intraprese la carriera militare diventando molto presto comandante di una compagnia di lance di Milano. Ma questo non gli bastava, aveva bisogno di più soldi per ottenere nomine e prestigio e così il 15 dicembre 1574, a 26 anni, sposa la ricchissima Virginia Marino, ricevendo una dote di 50000 scudi, con la quale, come suddetto, avrà una figlia di nome Marianna. Rimane quindi vedovo, dopo poco tempo. Passeranno, però, anni prima che possa avere la sua (e quella della figlia) eredità. Il Ripamonti dice di lui che «agisce sotto gli stimoli dell'avarizia». Infatti, fa di tutto per ottenere quest'eredità quando già di suo è molto ricco: da documenti del 1580 risulta che il bilancio delle sue finanze era di 9382 £ l'anno derivanti dalle rendite della dogana e della mercanzia milanese, dalle tenute di Mirabello e Torrazza, dalla contea di Monza (che è gestita a turni di 2 anni dai figli, compresa Marianna) e dal dazio dell'imbottato[16]. A differenza di quello che dice Manzoni, sembra che Martino non avesse destinato da sempre Marianna alla monacazione, infatti c'è una lettera che parla di matrimonio per lei e di una dote di 7000 ducati. Quando però nel 1588 si sposa con la valenciana Anna Viquez de Moncada e si

---

[16] Tassa sul vino e sul raccolto. In vigore in Lombardia fino alla fine del XVIII secolo, diffusa anche in altre Regioni italiane.

trasferisce a Valenzia, la vita di Marianna cambia percorso, il suo futuro sarà il monastero. Da questo matrimonio Martino ha 3 figli maschi Luigi, Antonio e Gerolamo e 3 femmine Maddalena, Giovanna (morte in giovanissima età) e Adriana, destinata anche lei al monastero come usanza del tempo. Ottiene inoltre, grazie a questo importante matrimonio, la carica di maestro di campo e generale della cavalleria e della gente d'armi del regno di Napoli. La piccola Marianna dopo essere vissuta principalmente con le zie, poiché il padre era sempre impegnato con l'esercito, a 13 anni entra nel monastero benedettino di clausura di santa Margherita a Monza. Non si sa precisamente quando e come è morto il de Leyva, compare però per l'ultima volta con la figlia nel 1589 per promettere la sua dote che consiste in 6000 £ imperiali come dote spirituale per il suo ingresso nel monastero, in più si impegna a versare 212 £ e mezza all'anno fino alla professione e alla consegna della dote, più altre 300 lire annue per tutta la vita della giovane. Questa dote non verrà poi mai veramente versata dal padre, ma verranno corrisposte solo le 300£

annue. Sembrerebbe che con questo atto il padre abbia rubato alla figlia 27.860£ di 39.861£ che le spettavano. La figura di Martino, assente fisicamente, fu molto invadente, anche solo mentalmente, nella vita di Marianna e la sua morte, avvenuta probabilmente a circa cinquant'anni, fece forse assaporare un piccolo e breve assaggio di libertà alla Signora.

La nostra Virginia Marino e il nostro Martino de Leyva

I genitori di Marianna, nel loro agire così come nella loro assenza, avranno un'influenza decisiva nel carattere della futura suor Virginia. La nostra storia inizia con il parto di Virginia Marino. L'unico altro personaggio femminile oltre la monaca in un mondo di uomini, presuntuosi, arroganti, invadenti. Lei mette al mondo la bambina da sola, consapevole del fatto che non saranno sue le braccia che la accudiranno. Ci annuncia, quasi come una voce profetica, la sorte già assegnata della giovane Marianna Ci fa attraversare tappa dopo tappa tutto il travagliato percorso psicologico che ha caratterizzato la sua vita.

Chi la avvierà sulla strada della vita saranno altri, specialmente il padre. Chi la rovinerà definitivamente sarà Osio. Chi la getterà nel pozzo della disperazione senza fondo sarà il giudice. Chi la risollevare sarà il cardinale. La madre non ci parla esplicitamente di loro ma lascia intendere che sa già tutto. Alla scena del parto segue quella della metamorfosi: Virginia Marino veste i panni di Martino de Leyva, il «mentore, la guida».

Il personaggio del padre, quindi, mantiene i tratti femminili come in un pallido ricordo dell'affetto materno, quasi completamente soppiantato dal freddo, calcolatore, avido e senza troppi scrupoli carattere di Martino. Nel suo atteggiamento si nota inoltre la sfida che lancia al potere del cardinale, in aperto conflitto sulla differente visione del mondo e delle cose. Il suo personaggio sarà protagonista dell'inizio della storia per poi quasi sparire. Suor Virginia sembra volersi ribellare, peccando sì, ma anche quasi a volersi vendicare dei soprusi subiti da un uomo che ha deciso tutto per lei. Tornerà come carceriere poiché Virginia, mentre viene murata viva, rivede in quest'ultimo il volto di suo padre. Tutto questo è solo nella sua mente, poiché in chiunque la "imprigiona" rivede il volto del padre. Infine, compare in una scena onirica, mai veramente cancellato nella coscienza della monaca, per infliggere un ennesimo colpo: dirà a suor Virginia:«tu non sei più mia figlia. Non sei niente!». Si tratta quindi di un fantasma opprimente di cui la nostra monaca riuscirà definitivamente a liberarsi solo nel momento della conversione.

MAMURIO LANCILLOTTO - VICARIO CRIMINALE

I crimini commessi intorno alla relazione tra suor Virginia de Leyva e Giampaolo Osio emergono circa dieci anni dopo l'inizio degli avvenimenti e indagati come riportato nel: *"Processo per la violazione della*

clausura, la deflorazione e l'omicidio di una monaca nel monastero di S. Margherita in Monza commessi da Gio. Paolo Osio. 1608"[17]. Le indagini, su iniziativa del cardinal Federico Borromeo, sono condotte da due vicari vescovili, i monsignori Gerolamo Saracino e Mamurio Lancillotto[18] che, avvalendosi di alcuni collaboratori, si susseguono nel condurre la fase istruttoria, il dibattito giudiziario e la pronuncia conclusiva. La prima fase è condotta da Gerolamo Saracino, già sul finire del 1607, con i numerosi interrogatori effettuati nei mesi di novembre e dicembre. Suor Virginia viene ascoltata una prima volta solo dopo molte altre persone tra le quali le sue consorelle, persone informate dei fatti e al servizio del monastero. L'imputata viene convocata il 22 dicembre del 1607 alla

---

[17] Per la consultazione degli atti nella loro versione integrale, scritti in italiano e latino, si veda l'accurata versione in: G. FARINELLI, *La Monaca di Monza*, op. cit. Si noti, inoltre, che il processo in seguito al quale sarà condannata la Signora di Monza, le consorelle e il prete Arrigone è, in realtà, intitolato ad Osio.

[18] I due erano, coerentemente con l'uso del tempo, dottori in entrambi i diritti. Infatti, l'impianto giuridico del diritto canonico si compenetrava e sorreggeva a vicenda con quello civile.

presenza del vicario criminale Saracino, formatosi a Bologna, protonotario e vicario per gli affari civili e penali del cardinal Federico Borromeo. Negli atti si può notare come egli non intenda assecondare la difesa della monaca, che non tenta di far leva sulla sua monacazione forzata, quanto sull'essere stata vittima di stregoneria, operata da Osio con la collaborazione del prete Arrigone. Il dettaglio non deve sfuggirci poiché sarebbe potuta essere una strategia vincente all'epoca in cui si svolsero i fatti. La sua deposizione è circostanziata e ricca di dettagli che, a volte, lasciano intendere anche l'aspetto passionale.

Il giudice Saracino conduce il proprio lavoro con diligenza, senza tralasciare alcun particolare durante gli interrogatori. Questo lo si può evincere con chiarezza consultando gli atti del processo. Gli studiosi si sono, pertanto, interrogati sul motivo per il quale viene, ad un certo punto, sostituito per volere di Borromeo dal suo collega, Mamurio Lancillotto, proveniente da Spoleto[19]. Da una parte si riscontra l'ipotesi

---

[19] Cfr. *Ibidem*, 627-631, nota 13.

del sospetto sulle effettive capacità del Saracino di emettere condanne esemplari, forse influenzato dall'ambiente milanese. Dall'altra, la sostituzione sembra trovare giustificazione a partire dalla natura giuridica di questo processo. La duplice competenza tra il tribunale ordinario della diocesi e il sant'Uffizio, cui spetta pronunciarsi sul reato di eresia, sembravano meglio adattarsi al profilo di Lancillotto, individuato su richiesta di Borromeo dal cardinale di Camerino, a sua volta incaricato dal papa Leone XI della presidenza del tribunale ecclesiastico. Fatto sta che nel marzo 1608 si interrompono gli interrogatori di Saracino, per riprendere nel maggio dello stesso anno sotto la guida di Lancillotto. Trascorrono quindi due mesi prima della ripresa dei lavori, tempo probabilmente necessario al nuovo arrivato per studiare gli atti già raccolti. Con Lancillotto si tiene il secondo interrogatorio a suor de Leyva, quello in cui fu sottoposta alla torura dei sibilli prima di ratificare la sua deposizione sotto giuramento[20].

---

[20] I sibilli erano uno dei più "miti" strumenti di

Il 18 ottobre 1608 viene pronunciata la
sentenza riferita a suor Virginia nella quale
si indica la stessa pena che sarà, molti mesi
dopo, nel luglio 1609, inflitta alle altre suore
coinvolte. Infine, con la condanna del prete
Arrigone a tre anni sulle galere e il
successivo esilio a vita da Monza,
Lancillotto conclude i suoi lavori, inviando
nel mese di agosto 1609 un sommario del
processo alla Curia di Roma.

In questo modo si conclude il lavoro
processuale con il quale inizia la fase più
dura della vita di suor Virginia.

Riguardo alla pena da scontare si può tener
conto che:

«Una cosa però va sottolineata: la sentenza di suor
Virginia Maria, formulata dal vicario criminale
Mamurio Lancillotto, è "alleggerita" rispetto alle
sentenze di suor Benedetta, suor Silvia, Suor Candida
Colomba e di prete Paolo Arrigone, in quanto sono
qui omessi i capi di imputazione sintetizzati in
"*plurima gravia, et enormia, et atrocissima delicta*".
Non credo, al punto in cui il processo era arrivato, ad
un atto di timore del vicario criminale; credo
piuttosto che egli fosse perfettamente consapevole del

tortura con i quali si amministrava la giustizia
dell'epoca. Assai più tremendi erano il «tassello,
l'aculeo, la corda». Cfr., *Ibidem*, 688, nota 187.

fatto che suor Virginia Maria non minacciava, a differenza degli altri, di ricorrere in appello a Roma»[21].

In conclusione, del vicario Mamurio Lancillotto possiamo tracciare un profilo di comprovata professionalità, al riparo dalla corruzione, minuzioso nella sua ricerca e risoluto nell'emettere la sentenza. Nell'amministrazione del suo ufficio ha fatto, a modo suo, la storia e col senno di poi, la fortuna di suor Virginia.

Il nostro Mamurio Lancillotto
Il personaggio del giudice Mamurio Lancillotto, nel quale abbiamo deciso di accorpare anche il vicario Saracino, racchiude in un unico personaggio l'intero sistema giudiziario che si fece carico della vicenda, concentrandosi in particolare sulle indagini riguardanti Osio e suor Virginia. Non c'è spazio per i sentimentalismi ma una fredda, lucida analisi dei fatti, indagati con precisa e minuta attenzione. Il giudice o, per meglio dire, i giudici sono degli esperti navigati nel loro mestiere, non appaiono mai

---

[21] *Ibidem*, 16.

scandalizzati dai pure atroci delitti, peccati, sacrilegi commessi e confessati. La sua autorità deriva da quella ecclesiastica, per questo motivo abbiamo sottolineato il rapporto con il cardinale Federico Borromeo. Il suo pronunciare la sentenza è freddo, imparziale, coerente con la visione del diritto dell'epoca, «avendo solo Dio davanti agli occhi». Protagonista nel leggere la condanna di Osio gli subentra proprio il cardinal Borromeo nel pronunciare quella di suor Virginia. Questa scelta vuole sottolineare ancora una volta, il suo incarico di vicario della curia milanese che agisce e condanna per conto della Chiesa che, evidentemente, approva il suo lavoro.

CARDINAL FEDERICO
BORROMEO

Nasce a Milano il 18 agosto 1564. Cugino del celebre santo, Carlo Borromeo, venne creato cardinale in giovanissima età, a 23 anni, come non di rado accadeva al tempo.

Verrà nominato cardinale arcivescovo di Milano nel 1595, evento che suscitò nel giovane Federico un profondo turbamento, scosso com'era dal gravoso impegno che gli si prospettava davanti. Fu solo grazie al consiglio dell'amico, il futuro san Filippo Neri, conosciuto in uno dei suoi numerosi soggiorni a Roma che, in qualità di padre spirituale, lo esortò ad accettare l'incarico. Del celebre cugino, Carlo, che fu già alla guida della diocesi di Milano, riprese molti aspetti, tra i quali spiccava la cura nelle visite pastorali alle comunità religiose di sua competenza. Proprio la controversia sulla giurisdizione, che lo vedeva in contrasto con l'amministrazione spagnola, fu uno dei motivi per i quali gli esperti rilevano in Carlo Borromeo un certo atteggiamento antispagnolo[22].

Nello svolgimento del suo incarico avrà più volte occasione di occuparsi delle vicende riguardanti la Monaca di Monza. Il

---

[22] Se nel caso di suor Virginia de Leyva questo suo atteggiamento avverso nei confronti del governo spagnolo abbia avuto un qualche influsso, cfr., E. PACCAGNINI (ed.), *Federico Borromeo. Di una verace penitenza. Vita della monaca di Monza.* Seconda edizione. La vita felice, Milano 2013, 20.

primo impatto non avvenne, però, in occasione della professione solenne di suor Virginia e delle sue future complici, tenutasi nel settembre del 1591, quando alla guida della Diocesi vi era ancora Gaspare Visconti. Le voci circa il governo diocesano al tempo evidenziano una certa rilassatezza nella condotta morale del clero, almeno al confronto con la gestione che fu del predecessore, Carlo Borromeo. Il momento per il primo colloquio tra Federico e suor Virginia arrivò in occasione di una visita pastorale presso il suo monastero. Era il 6 giugno 1605, Borromeo era da poco rientrato dall'ennesimo viaggio a Roma in occasione del doppio conclave, prima per eleggere Leone XI, deceduto dopo soli dieci giorni di pontificato, e poi per nominare Paolo V. All'epoca la relazione tra Osio e suor Virginia durava da diversi anni e ci furono già le due gravidanze della monaca. Sappiamo dalla deposizione di suor Ottavia che il cardinale ebbe un incontro con la Signora durante il quale, probabilmente, ella ricevette il sacramento della confessione[23].

---

[23] Cfr., *Ibidem*, 13.

La relazione, come ricordato, andava avanti da anni, circa sette, quando le voci cominciarono a farsi incontenibili alimentando molta preoccupazione in Osio, disposto a tutto per metterle a tacere; anche ad uccidere la conversa Caterina, cosa che farà nel luglio 1606.

Il primo a ricevere notizie fondate fu monsignor Pietro Barca, vicario moniale che incontrò suor Virginia e, in seguito al loro colloquio, richiese di far tappare le finestre del monastero, specialmente quelle che davano sul giardino di casa Osio.

Nel frattempo, l'inchiesta dell'autorità civile portò all'arresto di Osio stesso. Dal carcere di Pavia, l'uomo decise di scrivere a Federico una lettera per dichiararsi innocente, facendo riferimento anche ai buoni rapporti che intercorrevano tra la sua famiglia e i Borromeo; era il luglio del 1607. Questo fatto deve aver insospettito il presule che incaricò di condurre delle indagini finchè, ben presto, decise di recarsi in visita pastorale, con lo scopo di ascoltare proprio suor Virginia[24]. Evidentemente, da questo incontro il cardinale uscì con non pochi dubbi e, sebbene non sembra aver ancora elementi sufficienti per prendere provvedimenti drastici, richiese al conte di Monza, Luis de Leyva, di prestare il consenso all'innalzamento delle mura del monastero.

Le consorelle di suor Virginia che in occasioni precedenti sembravano compatte nel negare i suoi traffici, finiranno per denunciarla al cardinale quando Osio si nascose proprio nel monastero per sfuggire all'arresto ordinato dal conte di Fuentes. La vicenda a quel punto non poteva che risolversi con l'arresto della monaca. Su ordine di Borromeo in persona, viene trasferita a Milano, presso il convento di Sant'Ulderico al Bocchetto. Osio, del quale vennero confiscati nel frattempo i beni e ordinata la condanna a morte, scrisse nuovamente a Federico per convincerlo dell'innocenza di suor Virginia, riversando tutta la colpa sulle altre monache. Il lavoro di indagine fu seguito dal cardinale tanto

---

[24] La cronaca di questo incontro è riportata dal Ripamonti. Cit. in, *Ibidem*, 138-149.

che, come detto altrove, si occupò con attenzione della competenza giurisdizionale, nominando il vicario criminale Mamurio Lancillotto in sostituzione del Saracino, il quale pronuncerà la sentenza di reclusione a vita con l'approvazione proprio di Borromeo. Sembra che in questa fase abbia influito la sua avversione nei confronti dell'autorità spagnola di cui suor Virginia de Leyva era pur sempre una esponente. Inoltre, dalle sue reazioni riportate nelle cronache, si ha l'impressione che sia rimasto particolarmente turbato dall'essere stato lasciato all'oscuro della vicenda per troppo tempo.

I contatti tra cardinale e monaca riprenderanno circa tredici anni dopo, quando sarà chiamato ad intervenire sulla spartizione della dote di suor Virginia, contesa tra i monasteri di s. Margherita e s. Valeria. Successivamente, pervennero al prelato, su iniziativa delle suore del monastero di s. Valeria, le insistenti richieste di concedere nuovamente udienza alla monaca. Dopo molta resistenza, Federico Borromeo acconsentì ad un incontro al quale andò con uno spirito scettico nei confronti di questa radicale conversione di cui sentì parlare[25].

La donna che si trovò dinanzi era completamente trasformata; della figura altezzosa, superba, di un tempo non rimaneva neanche il ricordo. Al suo posto, trova una donna umile, sinceramente pentita, con un carattere profondamente spirituale. Borromeo rimase molto colpito dalla nuova suor Virginia, passando dal vecchio sentimento di disprezzo e severità ad un sincero atteggiamento di stima ed ammirazione. Intorno al 1625, la incaricò persino di sostenere con delle lettere le suore che stessero attraversando momenti di crisi. L'attività fu intensa e molto apprezzata. Dopo aver fatto recapitare alle destinatarie il messaggio a loro rivolto, spesso pieno di riferimenti agli anni della prigionia, le lettere tornavano al cardinale per essere conservate in vista del suo progetto: scrivere una biografia di *suor Virginia penitente*. Nella sua ultima fase di vita stava, infatti, lavorando ad una nuova edizione della sua

---

[25] «Di fronte alle estasi [...] occorre dunque procedere con i piedi di piombo; pregiudizialmente bisogna dubitare». Cit. in, *Ibidem*, 22.

raccolta di biografie. Probabilmente, solo il poco tempo rimasto impedì al cardinale di realizzare questo suo progetto. Morì, infatti, nel settembre del 1631, a sessantasette anni.

Il nostro cardinal Federico Borromeo

Il personaggio di Borromeo rappresenta l'autorità ecclesiastica, il potere spirituale che interviene nella vita di suor Virginia, che veglia sul suo destino con severità e al contempo con sguardo di misericordia. Nel suo caso abbiamo deciso di concederci una piccola licenza storica. Infatti, la cronaca ci dice che ad autorizzare la professione di fede della monaca e delle sue compagne fu il suo predecessore, Gaspare Visconti. La nostra scelta è stata quella di farlo presenziare all'inizio della vita monastica di suor Virginia, mettendole il velo e ricordandole i suoi voti di povertà, castità e obbedienza. Questo con l'intento di riunire nel suo personaggio l'istituzione ecclesiastica e il ruolo che avrebbe svolto nell'arco di tutta la vita della monaca. A suo modo, voleva vegliare sulla sincera vocazione di Marianna, la futura suor Virginia e lo dimostra nel dialogo con

Martino de Leyva. Più volte appare il suo atteggiamento paterno nei confronti della monaca, sia al confronto con il padre, sia nella fase del processo. Allo stesso tempo, sarà lui stesso a subentrare a Mamurio Lancillotto per pronunciare la sentenza di condanna. Dopo il primo parto, con il quale Marianna, la futura suor Virginia viene alla luce, nella scena della conversione Borromeo le dona una nuova vita attraverso l'assoluzione dai suoi peccati. Sarà proprio lui, infatti, ad aprire la cella in cui la monaca fu così a lungo reclusa.

GLI AMICI

Ad accompagnare le malefatte di Osio si aggiungono due personaggi, di fantasia ma anche di una certa credibilità per i loro comportamenti. Rappresentano nella dinamica del nostro spettacolo due maschere, alludendo in questo modo ai ruoli caratteristici della commedia dell'arte. Questa scelta è stata operata anche per inquadrare storicamente in maniera più evidente l'epoca dei fatti.

Durante tutta la rappresentazione essi indossano, quindi, delle maschere che richiamano quelle del teatro del 1600. Come nella commedia dell'arte gli Zanni fanno e disfano ciò che accade. l'idea di creazione di questi personaggi si rifà a questo concetto. Per farne un esempio contemporaneo potremmo definirli *Pena e Panico* o *Gatto e Volpe*, due personaggi che in realtà costituiscono un *unicum*. Farli recitare in maschera, sebbene non si rifacciano perfettamente ai canoni della commedia dell'arte, aiuta ad evocare nello spettatore quel tipo di immaginario. Sono quindi una sorta di opposti, un po' tentatori, un po' voce della coscienza, che assistono all'evoluzione del personaggio di Osio. Accompagnano il passaggio dal sognatore goliardico, sempre pronto alla battuta, all'anima tormentata che vuole dimostrare a se stesso e agli altri di essere veramente capace veramente di quello che dice. A questa scelta artistica, però, si accompagna anche una traccia di cronaca che dà forza proprio alla loro presenza nelle vicende di Osio. Infatti, dalle testimonianze e dalle cronache del tempo, noi sappiamo che Osio si avvaleva di alcuni complici, che ai suoi ordini arrivarono anche ad usare le maniere forti, fino all'omicidio[26].

Confrontando le ricerche storiche, sicuramente salta all'occhio un personaggio che è quello del prete Arrigone il quale, per nostra scelta, non è stato inserito nella vicenda narrata nello spettacolo. La sua figura di prete corrotto, sacrilego, peccaminoso, tentatore, emerge piuttosto chiaramente nella descrizione che se ne fa durante le testimonianze. Avendo voluto, però, incentrare il percorso psicologico su Osio, sono solo gli amici che a volte alludono a questa figura. Abbiamo, quindi, deciso di lasciarla di contorno semplicemente facendone alcuni richiami laddove ritenevamo necessario, per far capire che il sistema di intrighi, di tentazioni, di peccati, che si andò a costruire intorno a quel monastero era persino più complesso di

---

[26] Cf., *infra*, la *Sentenza di Giovanni Paolo Osio*.

quanto non fosse concentrandosi esclusivamente sulla storia di Osio. Il prete Arrigone tentò in più modi di sedurre le monache di quel convento, sfruttando il suo ruolo per esercitare una pressione psicologica che lo portò a realizzare i suoi progetti, coinvolgendo chi tra quelle monache ebbe meno forza d'animo di resistergli. La giustizia si occupò anche di lui condannandolo, come citato altrove, ad una pena ai lavori forzati e all'esilio dalla città di Monza.

Oltre a fungere da richiamo della vicenda di Arrigone, però, il ruolo fondamentale dei due amici consiste nel richiamare quello di altri due personaggi in scena. A sottolineare questo collegamento, essi indossano gli stessi colori. Da una parte c'è l'amico vestito di nero, così come di nero veste il giudice; è quello che fa più attenzione a ricordare ad Osio la morale che c'è dietro alle sue azioni, talvolta spingendolo verso il commettere peccati, tal'altra ammonendolo delle conseguenze delle sue malefatte. Dall'altra parte, c'è l'amico vestito di bianco e rosso, così come di bianco e rosso veste il cardinal Borromeo ed è colui che, nell'interagire con gli altri, gioca la parte dell'amico un po' ingenuo, che quasi si scandalizza davanti al piano di Osio. Sarà, però, anche colui che interviene nel momento del processo per difendere il suo amico, ricordando al giudice come tentarono in ogni modo di fargli cambiare idea. L'amico vestito di nero, infine, rappresentando il travagliato aspetto psicologico del rapporto con la giustizia umana, sarà anche colui che infliggerà il colpo di grazia ad Osio. In questo modo si rappresenta sulla scena quello che storicamente fecero i nobili Taverna. Furono questi, infatti, che approfittarono della fiducia del vero Osio per ucciderlo a tradimento. Attraverso questo ennesimo assassinio giustizia sarà fatta, il condannato sarà punito, secondo le leggi del tempo.

Le maschere di questi due personaggi non cadranno mai, non ci riveleranno mai il loro vero volto perché essi rappresentano simbolicamente tutti quei personaggi di contorno che si sono mossi intorno alla vicenda; sono gli amici, la gente comune, i pettegoli, i goliardi, i testimoni, le guardie e gli esecutori, le malelingue, i complici di tutto quello che accade intorno a questa relazione peccaminosa e travagliata, che ha sconvolto la tranquillità del feudo di Monza.

LE SENTENZE DI CONDANNA

SENTENZA[27] DI SUOR VIRGINIA MARIA DE LEYVA

Nel nome di Gesù Cristo. amen. Noi, Mamurio Lancillotto ecc. [...].

Invocato ripetutamente il nome di Cristo ecc., avendo solo Dio davanti agli occhi ecc., affermiamo decidiamo dichiariamo pronunciamo e definitivamente sentenziamo in questi scritti, col consiglio come pure con l'approvazione di giurisperiti, e inoltre in ogni miglior modo che:

La signora suor Virginia Maria de Leva, monaca professa nel monastero di s. Margherita della città di Monza, diocesi dell'Arcivescovado di Milano, sottoposta e soggetta alla potestà e alla giurisdizione di questo Arcivescovado, in verità e in realtà rispettivamente non solo indiziata da molti testi ma anche per propria ammissione confessa dei numerosi gravi enormi atrocissimi delitti, che risultano tutti con molta chiarezza e compiutezza nel processo istruito contro di lei e altre monache di detto monastero quali complici, trovata colpevolissima e secondo il diritto

---

[27] Il testo delle sentenze è tratto dagli *Atti* del processo così come riportati nelle fonti citate in bibliografia.

meritevole in misura più che sufficiente di punizione - comportandoci tuttavia in modo più mite nei confronti della stessa predetta suor Virginia Maria, secondo quanto dispongono i sacri canoni, le costituzioni pontificie e altri provvedimenti relativi alla materia ecc. - dovrà e deve essere condannata, come la condanniamo, rispettivamente alla pena e alla penitenza della carcerazione perpetua nel monastero di s. valeria di Milano. Venga posta in una piccola cella dentro il detto monastero e vi sia rinchiusa; si ostruisca inoltre l'entrata di detto carcere con un muro, costruito con pietre e calce, e sia completamente chiusa. Ordiniamo che la predetta suor Virginia Maria sia subito rispettivamente condotta e rinchiusa dentro il predetto carcere perpetuo, per tutta la sua vita, sempre, di giorno e di notte, rispettivamente in pena e penitenza dei suoi peccati, e soprattutto dei suddetti eccessi, crimini e delitti, compiuti e commessi da essa, salvo altri complici in questione ecc. Mai, finché avrà vita, possa e abbia la facoltà di uscirne, e neppure le possa essere concesso da alcuno il permesso di uscire. Sia lasciato solo un piccolo foro nella parete del predetto carcere, attraverso il quale possano essere passati e consegnati a detta monaca suor Virginia Maria gli alimenti o le cose necessarie al suo sostentamento perché non muoia di fame e inoltre per ogni altro migliore fine ed effetto ecc.; sia lasciato anche un altro piccolo foro, o una finestrella, attraverso cui possa ricevere luce e aria. E per implorare dal sommo Dio il perdono dei suddetti suoi peccati crimini eccessi e delitti, e per la salvezza della sua anima, detta suor Virginia Maria debba e sia tenuta a digiunare ogni sesto giorno di ciascuno settimana per cinque anni, e possibilmente a pane e acqua, in ricordo della santissima passione di nostro Signore Gesù Cristo, e questo per una penitenza salutare in aggiunta alle altre suddette rispettive pena e penitenza della detta carcerazione perpetua, che ingiungiamo alla medesima suor Virginia Maria pensando, come mostriamo, alla salvezza della sua anima. E parimenti, finché avrà vita, sia tenuta a recitare, dentro detto carcere, con diligenza pietà e devozione le ore canoniche, e a non tralasciarle mai se non per un motivo legittimo e inevitabile. E inoltre cogliamo anche, dichiariamo, stabiliamo e ordiniamo che le entrate dei livelli, tutte le pensioni, i frutti e i redditi e i proventi di quelli e di ogni dote della predetta suor Virginia Maria siano devoluti e concessi, come devolviamo e concediamo, al detto monastero di s. Valeria di Milano a titolo di alimenti per lei, rinchiusa dentro detto carcere, solo finché suor Virginia Maria avrà nel predetto carcere; alla sua morte, quando piacerà al santissimo Dio, i detti livelli e pensioni e doti, e le entrate i frutti i redditi e i proventi di quelli e di quelle, ritornino e debbano ritornare subito e immediatamente al predetto monastero di s. Margherita, ove la stessa predetta suor Virginia Maria era monaca professa e viveva con le altre monache dello stesso monastero. E inoltre diciamo, stabiliamo e dichiariamo che detta suor Virginia Maria debba essere e sia privata interamente, come la priviamo, di ogni e qualsiasi diritto, incarico, privilegio, ufficio, beneficio, prerogativa e dignità di detto monastero, e di ogni voce attiva e passiva.

E così diciamo, e in questi scritti come sopra sentenziamo, dichiariamo, condanniamo e rispettivamente applichiamo [...] e vogliamo che si faccia e si esegua, e ordiniamo, e inoltre stabiliamo e rilasciamo le singole responsabilità ai singoli ecc.; e così è, e anche in ogni e qualunque altro e miglior modo ecc.

Così ho sentenziato io, Mamurio Lancillotto, vicario criminale arcivescovile.

Sentenza di Giovanni Paolo Osio

[Di mano dell'illustre giureconsulto regio, senatore di Milano, signor Giovanni Salamanca, e del signor Giovanni Francesco Torniello, delegato ecc.]

25 febbraio 1608, presentata e pubblicata nello stesso giorno. Giovanni Paolo Osio, abitante nella città Monza, Camillo detto il Rosso, suo servitore, Nicola Pessina detto Panzulio e Luigi Panzulio. E cioè: Camillo Nicola e Luigi sono condannati alla decapitazione e alla confisca dei beni a favore della Camera Regio-ducale di Milano, e sono banditi per sempre da tutto il territorio di Milano; detto Giovanni Paolo Osio è condannato alla forca e alla confisca dei beni a favore della Camera Regio-ducale di Milano, ed è bandito per sempre da tutto il territorio di Milano così e in modo tale che, se il detto Osio dovesse cadere nelle mani della giustizia, lo si conduca sopra un carro davanti al monastero di S. Margherita della città di Monza e lì gli si tagli la mano destra; sia poi condotto, sopra lo stesso carro, al luogo dell'esecuzione della sentenza e intanto sia torturato con delle tenaglie incandescenti; infine si appeso alla forca, così che muoia; e il suo cadavere sia tagliato a pezzi, e questi siano quindi appesi nei luoghi dove sono stati commessi i delitti, fuori tuttavia della detta città. I detti Giovanni Paolo Osio, Nicola Pessina e Camillo detto il Rosso sono cioè condannati per aver commesso deliberatamente, di notte, con un colpo d'archibugio, nel mese di ottobre p. p, un omicidio nella persona di Rainerio Roncino, aromatario, mentre questi si trovava nella sua bottega nella città di Monza; così pure gli stessi Osio Pessina Camillo e Luigi Panzulio sono condannati per aver mentito alla giustizia, insieme ad altre persone di cui per degni rispetti si tacciono ora i nomi, allo scopo di potersi sottrarre, essi Osio Pessina e Camillo, all'imputazione di detto omicidio e di farne ricadere la colpa sul Reverendo Paolo Arrigone, parroco della chiesa di s. Maurizio di detta città.

Così pure detto Giovanni Paolo è condannato per aver fatto fuori nel mese di novembre p.p. dal monastero delle monache di s. Margherita di detta città, dopo averne rotto una parete, le monache Ottavia Ricci e Benedetta Felice Homati; e di queste, una la gettò proditoriamente nel fiume Lambro, e poi per ucciderla la colpì a sangue numerose volte sul capo col calcio dell'archibugio di cui era armato (e in seguito a ciò di lì a pochi giorni morì); l'altra poi la gettò in un profondo pozzo che si trova nei pressi del borgo di Velate, pieve di Vimercate, col proposito di ucciderla proditoriamente come sopra, e per questo essa versa ora in pericolo di vita.

Così pure detto Osio è condannato per aver portato fuori del detto monastero circa quattordici mesi or sono una monaca conversa di nome Caterina, e per aver commesso in quell'occasione un omicidio nella persona della stessa Caterina.

Giulio C. Bono, notaio di Milano
e coadiutore del predetto ufficio degli
Statuti,
sottoscrisse.

BIBLIOGRAFIA

AA. VV., *La Monaca di Monza. La storia, la passione, il processo*. Silvana Editoriale, Milano 2009.

L. CIANO, *Senza veli. La vera storia della Monaca di Monza*. Edizioni Mondo Nuovo, Pescara 2018.

G. FARINELLI, *La Monaca di Monza. Nel tempo, nella vita e nel processo originale rivisto e commentato*. Seconda edizione, Otto/Novecento, Milano 2012.

A. MANZONI, *I Promessi Sposi*. Rizzoli, Milano 2001.

E. PACCAGNINI (ed.), *Federico Borromeo. Di una verace penitenza. Vita della monaca di Monza*. Seconda edizione. La vita felice, Milano 2013.

AUTORI

Chiara De Gregorio, inizia a studiare canto e tecnica vocale da bambina, e segue lezioni e workshop con differenti maestri tra cui Fulvio Tomaino, Pietro Bisignani (cantore della Cappella Musicale Sistina), Mary Setrakian (vocal coach di Broadway), Silvia Mezzanotte (cantante dei Matia Bazar), specializzandosi nel repertorio sia classico che moderno. Attualmente collabora con il gruppo di ricerca etno-folk *"I Cerchi Magici"*, con cui si esibisce in tutta Italia. Dal 2016 porta avanti il progetto artistico interculturale *"InterMusichiAmo"*, grazie al quale è stata invitata ad esibirsi in diverse città italiane ed europee. Nel 2012 con il coro Sat&b ha partecipato ai concerti di *Giorgia* (Auditorium Parco della Musica di Roma, Forum di Assago e Arena di Verona). Ha seguito corsi e workshop di recitazione con importanti artisti tra cui *Giancarlo Giannini, Marco Simeoli*. Dal 2022 è co-fondatrice e presidente di Profondamente Arte Aps. Autrice e compositrice del bio dramma musicale *La Signora*, debuttato al Festival dei Teatri del Sacro 2022.
Appassionata di didattica musicale nel corso degli anni ha frequentato corsi di formazione e workshop di: metodologia *Orff-Schulwerk*, metodo *Kodaly*, e *Music Learning Theory* di E.Gordon. Nel 2021 ottiene la certificazione come Vocal Trainer dall'accademia di vocologia e logopedia *Open Class Academy*. Insegna canto e tecnica vocale e nel 2014 ha fondato e diretto un coro di ragazzi diversamente abili.

Benedetto Cortellesi, ha conseguito la Licenza in Missiologia presso la Pontificia Università Urbaniana e la Licenza in Scienze Religiose presso l'ISSR "Ecclesia Mater" della Pontificia Università Lateranense. Docente di Religione Cattolica (IRC) nelle scuole secondarie di secondo grado della Diocesi di Roma. Co-fondatore e vice-presidente di Profondamente Arte aps con la quale è impegnato in numerosi progetti artistici. Dal 2014 al 2019 ha collaborato con l'Ufficio Ecumenismo e Dialogo Interreligioso (UNEDI) della CEI al tavolo di lavoro tra cattolicesimo e religioni dharmiche. È stato membro ed organizzatore di eventi del Centro Italiano Ricerche Fenomenologiche (CIRF) e della Società Internazionale di Fenomenologia della Religione (SIFR). Giurato nelle edizioni del concorso letterario *Non Solo Lettori.* Autore di recensioni ed articoli a carattere accademico per le riviste specializzate, relatore in diversi convegni, tra i suoi libri pubblicati: B.CORTELLESI, *Tracce di dialogo. La cultura araba pre-islamica e la mistica dei Sufi* (Qulture, Roma 2013); S. MOBEEN – B. CORTELLESI (edd.), *La sfida del realismo trascendentale. Intorno ad una proposta di Angela Ales Bello* (Qulture, Roma 2015); B.CORTELLESI – S. MOBEEN (edd.), *In ascolto di Edith Stein. Voci dal mondo* (Aracne, Roma 2016). Co-autore del testo teatrale *La Signora. La vera storia della monaca di Monza* (2022). Autore del testo teatrale *La voce di mio padre* (2023).

Lorenzo Pozzaglia, nasce a Roma nel 1993, scopre la passione per il Teatro alle scuole medie, successivamente al diploma scientifico intraprende gli studi universitari in scienze della comunicazione. Si Diploma presso l'accademia internazionale del Musical di Roma diretta da Enrico Sortino con la tesi "*La musica che vedo*", durante il triennio accademico approfondisce lo studio della recitazione, del canto e delle danza. Muove i primi passi nel mondo teatrale in realtà regionali e nazionali, tra i tanti personaggi interpreta: il busto di Karl Marx in *Incontri ravvicinati col quarto stato* di Alessio Pinto; Dog nel testo *Alie(ni)nati* di Alessandro Giova debuttando al nuovo teatro San prospero di Reggio Emilia. Debutta al cinema con il film "*Gol!a*" al fianco di Giorgio Colangeli e Mirko Frezza.

Dal 2022 fa parte della compagnia stabile del Teatro del Torrino di Roma. Debutta a Gennaio 2023 come antagonista del Musical "*The Legend of Bloody J*" diretto da Andrea Palotto interpretando il ruolo dell'Ammiraglio Andrew Racham. Esordisce come autore e regista al festival Teatri del Sacro 2022 con il bio-dramma musicale "*La Signora*".

INDICE

Printed in Great Britain
by Amazon